JN440426

아득한 손

정상조

1963년 전남 보성 출생. 1999년《문예연구》,《예술광주》신인상, 시집『어치 가는 길』. 증권저서『4구간 기법』등 발간, 경제방송 e토마토TV, 팍스넷TV 고정 게스트 출연, 현 을매경제연구소 소장

정상조시집
아득한 손

지은이 정상조
펴낸이 김윤환
디자인 장미림
펴낸곳 열린출판사
1판 1쇄 펴낸 날 2021년 12월 23일
등록번호 제2-1802호

등록일자 1994년 8월 3일
주소 경기도 시흥시 하중로 203 (3층)

ISBN 978-89-87548-28-9 03810
값 13,000원

열린시선 10

아득한 손

시인의 말

10여년 만에 다시
단상의 편린(片鱗)을 엮었다
삶이 혼탁할수록
자연을 맑았고
마음이 강팍할수록
하늘은 따뜻했다
나를 치유해주는 것은
자연과 가족
이들을 선물하신 하나님께 감사드린다

덜 여문 마음만큼이나
설익은 언어들을 내놓는다
부끄럽지만 시를 통해
나는 사랑을 사랑으로
더 깊게 이해할 수 있었다
오늘도 나는
나무와 물과 하늘이 맞닿은
땅 위에서 나를 들여다 볼 작정이다

2021년 겨울을 맞으며
인천 변방에서 정상조

차례

제1부 음표보다 노래가 되어

제2부 아득한 손

제3부 그리움의 다른 말

제4부 꽃씨의 전설

제1부
음표보다 노래가 되어

마음 세포

세포 하나가
보리 잎 같이 떨린다
사랑을 품은 여운

세포 하나하나가 모여
싹튼 사랑이 되더니
봄 바람결 보리 잎 같이
설레는 떨림

기도로 세워진
망대에 서서
광활한 평야와
사람을 본다

살아 있어 꽃이 되고
다시 살아 노래가 되고
욕망 위에 지은 집이 아니라
작은 마음 세포들이
노래하며 꽃밭을 이루는
봄이 하늘나라 아닌가

시냇물 거울

맑은 물
너울거리는 거울을
마주하는데
물 속의 이야기들
잡힐 듯 말 듯
가까워도

출렁거리는
눈망울은
물결로 가득해서
반짝거리는 거울

나를 잊고
나를 비추는 동안
물결 사이로
무지개로 튀어 오르는
은피리떼

구멍

나비는 금방 꽃을 찾고

한참을 날아도

그 날개 부러지지 않는데

떡갈나무 숲

울울창창 푸르지만

벌레 먹은 잎이 태반이구나

구멍 뚫리고 썩다지면

머리에 목숨을 이고

사는 것을 알 때가 있다

숲의 끝에서

바람은 빈손으로 왔다 그냥 가지 않았네
국수나무 마음을 흔들어 흰 꽃으로 왔네
밤에 내린 비 아직 떨구지 않은 이슬
나뭇잎에서 햇살을 받을 때
깊은 푸르름이 눈을 뜨는구나

넝쿨은 새소리로
치마폭 걷어 올리고
엷은 숨결로 일어서
팔을 벌려 너를 마주하지

음정 고운 거목으로 춤을 추어라
바람이 비비는 볼 끝을
새들이 진저리 치게 우는 숨결 끝에서

퉁 튕기듯 사라지는
이파리의 외침
너는 아느냐

눈眼

너의 눈 속 세상이
참 넓구나
나도 그 속에 발가벗고 들어가
헤엄치고 싶구나

네 눈은 호수인가, 강인가
아니 네 눈은 바다
고래가 멸치 떼를 따라
헤엄 치듯이

너의 눈 속에는
어미 고래와 아기 고래 한 마리가
깊은 바다에서
나는 멸치 대신
눈물을 퍼 올리고 있구나

떼겔르* 하늘길

꼬불꼬불
하늘로 가는 길
물결이 바위를 치듯이
온통 꽃길이다

향기로 숨을 쉬고
향기가 핏줄을 돌아
마음이 머무는 곳

계절의 색깔로
산맥이 춤을 추는 곳에
길 잃은 산염소

하늘에 취한
어쩔 수 없는 사랑
꽃이 되어
하늘 끝에 서면
꽃길로 채색된 떼켈르에
산염소 노닐고
나그네도 덧없는 춤을 춘다

* 카자흐스탄 지명

빛의 눈동자

빛에도 눈이 있다
하늘에서 떨어져
아스팔트에서 튀더니
환한 웃음 가득 담아
'내 기쁨이 보이느냐?'
묻는다

풀잎 속으로 들어가
푸른 가슴을 열고
꽃을 피우며
빛깔 있는 눈으로
세상을 본다

남의 발을 씻어주는
그 후면에
눈동자의 그림자는 남아도
틈 있으면 들어가
먼지라도 끌어안고

다시 환한 빛으로 흩뿌려지는
빛의 눈

눈동자가
눈동자를 잉태하는
빛의 눈

송곳을 빼고

가슴이 휑하도록
사랑하던지
두려워하던지
송곳에 박힌 우리는

은과 금은 없으나
우리에게 있는 것은
사랑뿐이라서
일어나 걷습니다

우리가 서로를 사랑할 때
한없는 설렘의 눈길을
멈추지 않는 그 분의 입김

죽기까지 사랑하던
그 분의 호흡이
송곳을 빼고
다시 걷게 합니다

나의 신부야

그대 신랑을 맞이하라
포도주 보다 진한 사랑
빛깔과 향기에
그대로 가득한
내 눈동자 내 눈물 속으로 들어오렴

'내가 너에게로 들어가
너와 더불어 먹고
나는 너와 더불어 먹으리라'*던
나의 신랑이
내게 속삭이는 말

나의 사랑, 나의 신부
오늘도 나는
너를 그리워한다

* 요한계시록 3:20 인용

음표보다 노래가 되어

첫 이삭의 한 단을
오선지 위에서 털어 놓으면
노래가 될 거예요

한 알의 밀알이 땅에 떨어져
썩어지면
음표들은 그 분을 찬양하는
얼굴이 될 거예요

해 맑은 얼굴로
첫 이삭 한 단을 내밀면
기쁨 속에 숨어있던
눈물도 닦아줄 거예요

첫 이삭 한 단의 얼굴들이
음표들로 넘겨지는
설레임을 아시나요
숨이 차오르는
사랑의 노래입니다

씨앗 속에는

순종의 씨앗 속에서
지혜가 순 터 옵니다

말씀의 씨앗 속에서
사랑이 순 터 옵니다

사랑의 씨앗 속에서
빛이 순 터 옵니다

빛의 씨앗 속에서
광대함이 순 터 옵니다

광대함의 씨앗 속에서
그분의 높음이 있고
그 그늘이 우릴 덮습니다

벌레 먹은 잎

너만 우냐
나도 울자
햇살을 소화시키는
저 지저귐
벌레 먹은 잎에게
새는 노래를 준다

무엇을 땜질해도
때울 수 없는 곳에
맑은 햇살
그 지저귐이 지나면
숭 뚫려서 보이는
하늘이 있다

동행

솔밭에 하얗게 뿌려진
민들레 홀씨
호흡 속으로 들어온
노래의 씨앗이
가슴 가득 필 날을 위해
바람이 옮기고
햇빛의 통증으로
싹을 틔우겠지

더러는 떠돌다 죽고
지천에서 피겠지
씨눈에 생명을 품었기에
떠돌다가도 심겨져
민들레 얼굴로 마주할 때
동행의 의미도
마주하겠지

발꿈치를 들고

내 발의 춤으로 날아 올라라
매미가 가슴 터진다
푸름아 꽃발을 들라
햇살 악보가 있다

단순한 박자로 미쳐보자
단순한 박자에 내 영혼 던져보자
내 손아 춤으로
관절을 꺾어라

매미가 진천으로 우는
너는 왜 햇빛 연주를 못 듣느냐
자연에서 침묵이 들린다
타악기 소리가 들린다
너는 나에게 침묵으로 안겨오라
사랑이라고 말하지도 말고

까치발 새순

길바닥
새순 한 잎으로
위태하게 선 너를 본다

주변에 아무도 없어
햇빛은 온통
너의 것이 되었다지만
나는 애절하다

까치발 들고 내민
너의 손 끝에
핑 도는 눈물로
손을 내민다

아픔이
노래로 흘러
너의 눈빛으로
나를 세운다

감전感電

어느 스위치를 누르나
내 열망의 빛은
당신을 향합니다

스위치가 켜졌을 뿐인데
내 회로의 어느 쯤
누르는 스위치마다
꽃들이 사랑의 불빛처럼 피어납니다

흘러가는 것들에 감전되어
나도 당신의 꽃으로
흐드러지게 피고 싶습니다

에덴동산의 꿈

걸어볼 말은 이것 뿐
우리 하늘 구름다리로 가자
신랑 신부로 만나서
사랑만 하면 천국이 되는

아름드리 소나무 사이로
신랑이 걸어오고
수줍음으로 반기는 신부
햇살이 따스하게 비추는 꽃동산

미운 짓해도 웃을 수밖에 없고
콱 쥐어박고 싶을 때도
눈빛만 봐도 웃음 너머로
눈물로 반가운 동산

수선화 하얀 꽃 뒤로
나는 신부의 얼굴을
수줍게 웃는다

제2부
아득한 손

들풀

삽교호에서 만난
외로운 풀들이
수평선 끝이 매달려 있고

까닭없이 심겨지고
자란 것 같지만
그 푸르름에도 이름은 있고
꽃은 피우네

뿌리 끝으로
돌 틈을 지나서
제 색깔을 뽑아 올려
반죽을 해서
진을 빼고 밀어 올리니

하늘 향한 꽃이라네
꽃은 제 역할을 다해
잡초라도 아름다운데

바람이 있어서
자신을 느끼기도 하고
햇살 듬뿍 뿌려주는
향기가 내게도 있다면

햇살 양념

숲으로 내리는 햇살에
양념 가루를 뿌려서 먹는다
그냥 보는 것보다
재채기하는 입맛이
더 감미롭다

나무들의 검은 줄기
목구멍으로 넘기는데
문제가 되지 않아
뜨거운 물에 데치지 않아도
사랑은 뻣뻣한 눈빛을
부드럽게 한다

햇살에 사랑의 양념을 뿌리니
맛있고도 맛없는 요리가
빛으로 눈부신 진설상이 되어
매콤한 식탁이 떠오른다

군락지 교실

호박넝굴 울타리를 넘어가고
낭떠러지로 떨어져서
허리를 못 펴는 칡넝쿨
시든 척 한다

해를 지게에 지고서
서산으로 넘어간다
누가 나를 푸르다 말하는가
등골에는 땀나는 슬픔이 흐른다

슬픔이 울음이 되고
울음이 신음이 될 때
비로소 푸르름은
생명으로 탄생하는 깃발이 된다

사람은 사랑을 알기 전에
눈빛부터 배운다
푸른 고통의 의미를 배운다
이유 없는 울음이 없듯이
매미는 울음부터 배운다

호수 곁 달개비꽃

호수는
고요한 법이 없다
소금쟁이라도
잔물결을 일으킨다
달개비꽃도
고요한 듯 떨리는 입술
숲에도 푸른 잔물결이 일어나고
삼나무 곧게 큰
호숫가에서
물고기 몸부림이 일으키는
생존의 파동으로
함께 피는 달개비꽃

아득한 손

골짜기를 돌아서
모래톱을 만들고
바다로 가나 싶었더니
다시 샘이 솟아서
사랑을 만들고
그것들이 흘러서
어디로 갈지

욕심도 인생도
손을 펴고 놓았는데
다시 골짜기를 돌면서
바다가 아닌
또 다른 골짜기를 향하다가
어둠을 옷에 묻히고
향기도 옷에 묻히고
흐드러지게 핀 망초꽃

멍하니 보다가
바위에 부딪쳐
물보라로 튀기도하고
결국 손을 내밀어
아득한 손을 잡을 수 있을지

편지1
- 꽃잎에 나비 붙듯

그대 생각에
가슴에 햇살이 놓이고
아지랑이 심장을 치는데

스멀스멀 피어나는 속삭임이
맑은 물소리였다가
이제 외침이 되어
메아리로 돌아오는데

바람이 꽃잎을 찌르고
아지랑이 다시 피어
꽃잎에 나비를 접붙인 것처럼
아무 곳에나 떨어져도
내게로 다가와
한 장의 편지가 되는
향기의 여운

편지2
-창포꽃

뒷산 진달래하고 친구인 줄 알았지만
네가 죽을 줄 누가 알았겠니?
임진강 물결하고 친구인 줄 알았지만
네가 죽을 줄 누가 알았겠니?
너는 사랑하는 이
하나 남기고 갔구나

진달래 뿌리와
도란도란 식구가 되는 것은 좋겠지만
너의 것을 다 주지 못해서
끝끝내 안타까워하며
무엇이 그렇게 급한지 먼저 저물었구나

임진강 물결에
너도 실려가고 나도 흘러갔었지
너는 너무 아름다웠어
영혼까지 흐르는 눈물

나는 죄인이라도
너는 생명으로 촉을 내밀었지
뜻 모를 상황 속에서
햇빛은 왜 빛나는 지
숨 쉬는 것이 얼마나 찬란한 것인지
나도 모를 해는 뜬다

창포꽃 슬픈 전설
누구이기에 슬픔을 만들고
누구이기에 눈물을 만드는가
사랑했던 기억만으로
그냥 아름다웠다
나는 너에게
무심한 창포꽃 뿐이었을까

흐르는 풍경

미루나무 우듬지에
눈빛 걸어놓고

새야 울든 말든
맑은 햇살로 매달려

은피리 떼 파르르 떠는
잔물결 위로

햇살이 수놓은
은빛을 쪼아댄다

검은 나비

숲을 보는 것은
간절한 호흡이 필요하기 때문
흰색 나비 오락가락 해도
짝을 찾으며 배회하는
검은 나비의 절박을 알까마는

소음을 피하여
소음 없는 곳이 간절해서
한 끼를 숲에서
맑은 공기로 떼운다
한 줌 고요를 채운다

고여 있는 시간

새순이 돋아나면서
공기를 밀쳐 냈을 뿐이다

꽃들이 피면서
향기를 양념 쳤을 뿐이다

햇살을 향하여
미소들이 흔들릴 뿐이다

내 마음이
바라보는 것을 향하여
눈물 속 무지개를 본다

너의 모습이
내 마음 속으로 채색될 때
흐르지 않는 시간 속에
나는 갇히게 된다

골목풍경1

- 여인 노숙자

집 앞 편의점 앞에 연탄 공장에서 일하다 온 것 같은
엉클어진 아줌마 깡소주를 마시며 담배를 피우는데
빵 두개 우유 하나를 사서
"왠 소주만 드세요? 빵하고 우유 좀 드세요"
의외로 부끄럼 타며 "괜찮은데요…"
"아줌마! 왜 이러고 다니세요 집은 없어요?"
"집 있어요!"
"아저씨 담배 한 개피 얻을 수 있어요?"
담배 한 갑하고 라이터를 사서 건네자
"저 아저씨 한 개피만 피우고 놓고 갈께요"
"아줌마 왜 이렇게 다녀요"
말없이 씩 웃는 웃음
시커먼 얼굴에 시든 꽃이
쓸쓸하고도 하얗게 피어난다

RGB 증착蒸着

햇살과 나뭇잎과 하늘이
내 마음에 증착하면
화면 속에서 모든 색들도
악보 위에서 춤추는 노래처럼
천연색으로 춤을 추겠지

마음에 적, 녹, 청 RGB를 증착하면
가랑잎처럼 흔들리지 않는
천연의 색들로
숲을 이루는 노래로
세상 악보 위에서
나도 춤을 추었지

삼원색으로
모든 색을 만들 수 있다는 착각
아무리 증착해도
하얀색은 만들 수 없다는
빛의 진리

접전接戰

창 밖 느티나무 잎
바람 불 때 마다
빛과 싸운다

바람이 이 옆에서
바람이 저 옆에서
말 안 해도 뜨거워지는
사랑의 불꽃

바람이 불 때 마다
잎새와 햇살의
빛나는 접전

가슴 속 눈물샘

눈을 감으니
가슴으로 눈물이 고인다

눈물샘 거꾸로 흘러
목젖을 지나 위장으로 가니
소화가 된 눈물이
온 몸에 퍼지는데
이 슬픔도 어쩔 수 없는 일

많이 살아온 세월에도
마르지 않는 눈물
다시 슬퍼지는 일

나도 모르는 일이라
오늘도 눈을 감고
눈물을 가슴에 가둔다

골목풍경2
-과일장사

1톤 적재함에 딸린 따블겝이라는 트럭, 오늘은 5명이 나와서 과일장사를 한다 장애인 아저씨는 밖에서 과일을 파는데 아줌마는 백일 쯤 된 아이는 앞에 매고 뒤에는 3살쯤 아들을 업고 차에 있다가도 손님이 오면 뙤약볕에 나와서 과일 파는 것을 거든다.

할머니는 과일 파는 아들 며느리 손주 둘, 아들은 입도, 팔도 틀어지고, 다리는 절룩거리는 가슴 절이며 키워온 세월이 얼굴에 가득하지만 손자들을 밖에 두고 집에 있을 수 없는 조바심이 있다. 약간의 장애가 있어 보이는 며느리에 건강한 손자 둘까지 노점상 과일 파는 소형 트럭에는 작은 행복들이 바글바글 웃음을 만든다.

"아이고! 얼마 전에 낳았다는 애기? 어머 이뻐라! 너가 큰애구나! 아저씨가 용돈 줄께!" 지폐 두 장 꺼내서 애들에서 주니 온가족이 손사래를 치며 어쩔 줄 몰라 하는데

장애인 아저씨가 나에게 "참외를 참 좋아 하시던데 참

외 맛 어땠어요?" "아 참외요? 이번에 참외는 좀 너무 익어서 그런지 맛이 안 좋은 것이 몇 개 있었어요." "아 그랬어요? 특별히 골라서 드린 참외가 왜 그랬을까요?" 너무나 당황하고 어쩔 줄 몰라 하는 그 모습에 말한 내가 민망하지만 동네 장사라서 솔직히 이야기 했다

"제가 오늘은 어디가야 돼서 참외는 나중에 다시 사러 올게요." 장애인 아저씨 행복 가득한 노점상 가족, 단골 손님의 이런 말에 얼마나 당황했는지 어쩔 줄 몰라 하는 그들의 모습을 보면서 의도한 것은 아니지만 서글픈 마음으로 내 갈길을 간다

제3부
그리움의 다른 말

편지3
-각시

눈빛의 반응으로
피부 색깔이 바랠 때까지
님을 보고 싶다.

낡은 자리
눈물로 채우더라도
님을 보고 싶다

뜻하지 않는 것에
깜짝 놀라더라도
님의 색깔에 나를 물들이고 싶다

미안한 마음으로
님을 바라보는
나만의 색깔

눈빛의 반응으로
현을 켜는 님은
가을 잎사귀로 쌓이는
오래된 편지였구나

신랑 생각

순이 났는가
순이 났던 것이
벌레집으로 시들고

꽃이 피었던가
동산에는 바람에
세월이 묻힌다

너울 속 뺨
석류 한 쪽 닮았다던
내 님아

버선 발로 뛰는 마음이라도
눈물은 먼 발치
지금도 새싹은 돋았는지
먼 산 넘어 보네

멸치 똥 떼고

멸치 똥을 따다
한 마리 입 안에 오물오물
맛이 달다 맛이 오른다
오직 작은 멸치 한 마리만
입에 넣고 오물거리면
진짜 멸치 맛을 알게 된다

세월의 똥을 떼고
감사를 입 안에
천천히 오물거리면
이 시간도 달다
인생에 단맛이 오른다

작은 멸치 딱 한 마리
진짜 멸치 맛을 내듯이
시간은 작은 조각

감사함으로 섬세함으로
오물오물 곱씹으면
세상 단맛 알게 되지
세상 살맛 알게 되지

흰 눈으로 만날 때

향기가 날 때
향기를 품지만
흰 눈이 빛 날 때는
눈물을 품게 되지

지치고 괴로운 눈물 사이에
향기가 날 때
발자국 너머로
느끼는 당신의 호흡

흰 눈의 빛들이
햇살에 녹듯
괴로움이 사랑으로 바뀌어도
멀리 간 당신으로
눈망울이 멀어질 때
세상의 모든 색깔
눈길 위에 펼쳐두네

벚꽃 사진

천만의 눈빛으로
화장을 하고 눈꼬리 추켜 올리며
나를 위로하는 봄 미인계
천만의 창과 천만의 방패
사월의 환한 미소

꽃은 눈빛에 숨겨져
웃는지, 응시하는지
아름답다고는 하나
순진하게 받아들이면
나를 삼킬 것 같은
그런 미소가 있다

오래가지 않는 꽃
오래가지 않는 웃음
푸른 것들로 더 많은 세월을 감당할 때
내 안에는 사라진 꽃이 숨쉬고
사월의 벚꽃 사진에는
자잘한 삶, 소리없는 웃음이
인화되어 있구나

숨겨진 사랑

햇빛이 비칠 때만 해도
그게 씨앗인 줄 누가 알았겠어요.
웬 걸 햇빛이 자라더니
나를 다 덮네요.
가슴에 숨겨둔
꽃분들이 나래를 펴
설레는 가슴
숨길 수 없네요

재잘재잘 새소리를 내며
밝아 옵니다.
햇빛 한 움큼을
잡아서 잘라도 보지만
도리어 가슴을 파고 들 때면
이 햇빛
나도 어쩔 수 없답니다.

그리움의 다른 말

사랑한다는 것은
가시에 찔리는 것

아픔의 피들이 돌아서
눈물에 도달할 때 쯤
그가 보고 싶다는 것

부질없어 보이지만
부질없는 것들이
만남을 만들었고
주체할 수 없는 아픔에
눈물로 보듬는다

헤어지지 말아요
언어를 담을 필요도 없이
제가 놓아주지 않을 겁니다

가시에 찔리면서도
찔리는 그것을 담아
사랑을 노래할 겁니다

편지4

-창포꽃

그냥 보고 싶었지
열망이 강해서
생각으로만 손을 잡자
왜 이렇게 좋은지
왜 이런 것이 행복한 것이냐

행복은 진짜 엉뚱한데
보물찾기처럼 어렵구나
그대와 심정적으로
너무나 가까워진 것 같아

왼손하고 오른손이
느낌이 다르지만
왼손은 소꿉장난 같아도
오른손은 가슴을 쓸어 주는
내 사랑의 반려자

서로의 머릿결에
윤기를 내려는 듯
촉촉한 손끝이 되어주는
창포꽃 그대

한 낮의 식탁

그대 맑은 웃음
한 수저 얹어 드세요

그대 철없는 순진함
한 수저 얹어 드세요

나의 따사로운 손길
한 수저 얹어 드세요

내 눈빛은
많이 드셔도 좋아요

보고픈 마음은 아마
먹어도 배가 고플 거애요

설레임

그대 모습으로
긴 호흡을 하니
가슴에 자명종이 울리네

잠 못 들고
부스스 깨어
이슬에 젖는데

그대는 바람에 떠는
보리잎 같아서
마음만 주파수처럼
흘러 보낼 뿐

짱그랑 깨지면 어쩌나
말 못하는 마음은
깊은 연못 속에
뿌리를 둔
오래된 설레임

편지5

-안부

각자 사연에 따라
꽃도 지치고
산도 지치고
꽃이 지면
낙엽도 지는데

각자 사연은 그래도
산을 오르고
강을 건너고
꽃이 필 때와
지친 푸름도
노래가 될 때가 있다

지금도 잘 있지?
송담이 기생해도
칡넝쿨이 날듯이 올라도
버티면 되는데
근심하면
꽃도 지고 세상도 지겠지

그리움이 빛깔이 되어

연푸름은 푸르름에게 묻고

짙푸름은 어둠에게 묻고

나는 나의 밤에게 묻고

그러한 가운데

사랑은 내 안에

새 우주를 창조하고

가슴에 묻어둔 것들

바람에 날리니

빛도 산란하고

그리움만

선명한 빛깔로 뜨는구나

비맛

아침 비가 온다
빗길의 산책 그 맛도 괜찮을거야
빗물에 씻긴 공기
얼굴을 톡톡 두들기는 습기가
묻어오는데

사랑한다, 말하면 나는 담담하고
원추리 꽃잎만 붉어지겠지
우산을 쓰고 바람에 날리는 비
얼굴을 간지럽힐 때
알사탕 녹여 먹듯
혓바닥 내민 나뭇잎따라
초록초록 내 느낌이
푸르게 젖어 가지

갈증으로 채워진
외로운 자리
물빛이 밝아
넝쿨들이 나무를 향해

달려들지 않듯이

내 안에 그대 향한
그리움으로 채워지는
비맛의 아침

누이에게

원추리 꽃같은 누이야
매미가 하염없다
목청을 너머
몸짓으로 부른다
푸르른 침묵에도
노래가 있단다

원추리 꽃같은 누이야
세상 등짐을 지고
세월 앞에 늙는다
올해는 비가 많이 와서
꽃이 피자 시들었단다

풀들이 모든
색을 골라 먹어도
햇살을 보면
푸르게 얼굴 붉히는
그 사랑을 아느냐

비오는 날

햇빛, 너는 모르지
비오는 날의 꿈을
실눈 뜨고 보느라
얼굴 붉히고
눈섭 밑 안개로 가리고
부끄러워 고개 숙이는
눈물 젖는 빛깔을
햇빛, 너는 모르지

그러나 눈물 묻히면서
반짝이는 마음이 있단다
바람이 휘몰아 칠 때
문득 문득 보이는
표정을 보았니?
비오는 날
빛들이 춤추며
바람으로 박자를 맞추는
햇빛, 너는 모를거야

제4부
꽃씨의 전설

순筍

톡톡 돋아 오르는
뾰족한 말語 들 위에
새들이 앉아
그 언어를 쪼다

눈빛 돋아 오르며
가슴을 쪼개는 도끼날
너에게로 가는 본능처럼
새는 또 울지

높이로 자라겠는가
세월로 선 것이지
송담이 감아 올라와도
뾰족한 울음을 키운다

팔베개를 해도
왜 이렇게 무겁지 않니?
가슴 패이게 하는
알 수 없는 너로

호수

바람 한 줌 뿌리니
구름에 햇살 빠져나가듯
산란한 물결 일렁이고

해산解産하는 평화처럼
일렁이는 물속에 손 내미니
물결에 걸쳐친 구름들
못 다한 사랑으로 묻어나네

개망초꽃 물든 호숫가
창포꽃으로 앉아서
해가 휘어지는 언덕 아래
물방울 이고 우는
내 그림자

들풀

바람이 쓱 볼을 내밀겠지
가면 그 뿐인데
내 마음은 창고

씨 감자처럼
보관도 하고 얼기도 하고
바람도 맞고 따가운 햇살을
겨울 양식처럼
광합성해 놓고
쓱 지나가는 바람 밖에

친구는 그 뿐이라서
손잡고 싶어 목 내밀었더니
그 끝에 마음이 접혀
색깔로 물들고
바람 단지에 있어도
나는 꽃잎으로 서 있다

비바람 산행

비 오는 날 숲의 이야기에는
물광이 난다
마음에 꼬인 색상
바이러스처럼 영혼을 오염시키면
나는 혼재된 색깔로 병들고
눈에는 오염된 수채화로 가득하다

어스름한 빛을 먹으며
광합성을 즐기는
나는 식물인지 동물인지
알 수 없다가

비바람 치는 산은
내 눈동자를 간지르고
눈빛이 멀어지는 만큼
내 손짓도 멀어지고

눈빛이 가까워지면
물로 빚난 산행에
젖은 산길 꽃처럼 피어난다

꽃씨의 전설

바람과 손잡고 가다
혼자 떨어지고

눈물을 머금고 가다
혼자 떨어지고

사랑을 노래하다
혼자 떨어지고

혼자 떨어져 있으면
잠드는 것도 외롭구나

눈을 떠 생명을 틔우고 서서
찬란한 빛깔을 바람에 실어 나르는

너는 오늘도
개화開花의 꿈으로 살아 있구나

동백꽃 마음 기둥

예쁜데 마음이 더 예쁘면 어떨까요?

내가 사랑하는 것보다 더 많이 사랑한다고

많은 산을 콕콕 찔리는 기쁨으로 넘어

아카시아 숲을 지나 내 가슴에 와있는 그대

더 깊이 뿌리를 박고

흙의 혈관을 지나서

꽃으로 기지개를 켜는 날

사랑은 마음을 녹여서

진하디 진한 붉은 동백꽃 기둥으로

꼿꼿이 서있네요

전율戰慄

비가 오면.
피었던 솔꽃가루
빗방울에 흘러
어찌될지 알 길 없었지만
새잎들
웃음이 돋는다

한 겨울 시리도록
추운 것들이 모여서
무엇을 만들었는지
새싹이 돋아
사랑한다는 것들을 모아
온 몸으로 전율한다

민들레

흙 속에서 노란색만을 찾았을까
웃음을 찾다보니 노란색이 되었을까
햇빛에서 노란색만 뽑았을까

흙을 어떻게 먹으면
꽃으로 피어낼까
색깔의 순도 위에
햇살이 파르르 떤다

노란색 완전한 순도
순결한 사랑으로 꽃필 때
그때 비로소 땅 아래
흙의 마음을 본다

꽃잎마다 제각기 눈을 뜨고
나를 찬찬히 올려다 보는데
내 안에 검은 실을 뽑아
노란 꽃으로 수를 놓는
마음의 눈을 열고
내 눈을 너에게로 맞춘다

마음속에 집

어둠의 집에
그대 바람이 들어왔다 가면
꽃이 피는구나

햇빛이 바람의 집에
들어왔다 가면
마침내 꽃이 피는구나

어둠도 빛 속에 있었고
빛도 어둠 속에 있었고
그저 바람이 골짜기를 돌아
사랑을 물결치더니

골이 패이고
물길을 내어
높은데서 낮은 데로
물도 흐르더니

바람이 메아리 칠 때
꽃만 피는 것이 아니고
새들도 노래하더라

시간이 흐르니
누가 열매를 만들었는지
알알이 송송하구나

눈물꽃

망초꽃을 보았다
자잘한 꽃잎 흐드러질 때
다 피지 못한 것의 눈물
내 마음을 갈아서
하얗고 작은 많은 점들
하늘거리는 꽃들을 들여다 본다

망초꽃 보는 순간
내가 망초꽃이 되어버렸다
오늘은 하얀 꽃들이
얼마나 피었다 지는지
눈물 가득한 손을 내밀어 본다
눈물꽃 망초꽃

억새꽃

산 중턱에 올라가면

저수지가 있었고

한 없이 뜻 없이

바라볼 때가 있었다

소금쟁이가 걷는

파동이 무슨 뜻인지

물속을 바라보면

하늘이 섞인

억새꽃만 일렁인다

산딸기

숲이 어둡다
태양이 스카프를 둘렀다
짙푸른 숲에서 보는 산딸기
토끼 눈빛을 닮았구나

어둠을 두른 숲에서
너의 음악이 푸름으로 짙어져도
나는 산딸기 눈빛에 꽂혔다

그 잎에서 빛나는 새벽 이슬
마음을 전해도
스카프를 두른 태양 아래
숲의 색깔들이
더 어스름 빛으로
공기를 그려낼 때

산딸기 붉은 눈에
마음이 꽂혀서
차마 가지 못하고 있구나

나비2

나비를 보면서
나는 왜 날개가 없을까
날지 못하는 불만족이 있다면
저 나무는 나비를 보며 무슨 생각을 할까

나비가 날고 있는 모습을 보면
다른 나비 한마리가 반드시 근처에 있다
온갖 방식과 온갖 생각으로 나는 것 같지만
이 나비와 저 나비
둘이 하나로 포개지는 그 끝이 있다

습기가 있고
더러는 햇볕 드는 곳에서
나비의 날개짓을 보노라면
퇴화된 나의 날개
퇴색된 나의 사랑을
붙여서 제대로 날고 싶다

나비들처럼 하나로 포개지는 사랑이라면
나의 굳어진 날개도
어느덧 황홀한 날개짓을 하지 않을까

연분홍 장미의 포로포즈

보라색을 칠하다 퍼진
그 물감으로
고개만 내밀지 말고

울타리 사이로
쓱
고개만 내밀지 말고

나에게는 멈춰 있고
너에게로 흘러가는 시간

그대에게서 피어나서
노래가 되어 떨어져도 좋아

색감이 가장 빛날 때
시들어 갈 것 뻔해도
우리 결혼 할까

풀잎 노래

잎새 위에 그물망을 그리고

이슬방울로 허리 휜

풀 한 포기

심겨진 자리에서

하늘을 향하는 이유가 있지

목젖이 휘도록

노래를 하는 이유가 있지

팔을 벌려 하늘을 향해 허수아비로 서서

영원히 아프지 않을

노래가 되고 싶다

초록의 시간

사랑이 봄처럼
복받쳐 오를 때

순이 되고
꽃이 되고
어디로 줄기를 뻗든
한 색의 의미가 된다

세상사 전쟁이건 평화이건
유월이면 초록은
날로 짙어지는 것을

사랑이
복받치는 시간은
언제나 초록

해설

자연에서 만나는 아득한 손

- 정상조의 시세계

김윤환 시인/문학박사
백석대 대학원 기독교문학 교수

12년 만에 나온 정상조 시인의 이번 시집은 인간의 안식처인 자연과 삶의 끝없는 숙제인 욕망에 대한 내면의 성찰을 고백하고 있다. 또한 시집 수록된 시 전편에 흐르는 생명의 근원으로서 신에 대한 그리움과 사랑의 갈증을 노래하고 있음을 볼 수 있었다.

제1부에서는 시인의 의식과 무의식의 경계에 흐르는 영적인 울림이 있는 작품으로 정리되어 있다. 인간은 자신의 모태(母胎)를 자연에서 발견한다. 시인이나 시속의 화자는 한결같이 자연 속에서 자기 영혼과 신앙과 삶의 방향을 찾고 담담한 언어로 해석하고 있다. 제2부에서는 생활 속에서 발견된 따뜻한 풍경과 시인의 따뜻한 내면이 조우하는 시편으로 묶여져 있다. 이어서 3부에서는 인간에 대한 신의 영원한 은총이자 우리들의 숙제라고 할 수 있는 사랑의 문제에 대하여 깊이 있게 호흡하고 내쉬는 사랑의 들숨과 날숨이 노래가 되어 전편에 흐르고 있다. 제4부에서는 자연을 통해 만나는 생명의 경외심과 연약성을 자연과 일체를 이루며 노래하고 있다.

이렇게 구성된 정상조 시인의 시편들은 무위자연(無爲自然)의

의식과 신에 대한 경외심, 가족과 이웃에 대한 사랑의 주제를 자연과 사람이라는 소재로 시종여일 노래하고 있다는 것이 이번 시집의 특징이라고 하겠다.

이제 시인의 눈에 비친 세계와 인간의 내면을 살펴보자. 먼저 마음에도 세포가 있음을 보여주는 시 한편을 감상해보면,

세포 하나가
보리 잎 같이 떨린다
사랑을 품은 여운

세포 하나하나가 모여
싹튼 사랑이 되더니
봄 바람결 보리 잎 같이
설레는 떨림

기도로 세워진
망대에 서서
광활한 평야와
사람을 본다

살아 있어 꽃이 되고
다시 살아 노래가 되고
욕망 위에 지은 집이 아니라
작은 마음 세포들이
노래하며 꽃밭을 이루는
봄이 하늘나라 아닌가

__ 시 「마음 세포」 전부

시인은 인간의 마음 세포는 사랑으로 이어지고 분화하기 위해 창조되었다고 믿는다. 그러나 육신의 세포가 오염되어 악성으로

변이됨으로 질병을 유발하듯, 마음의 세포도 자신과 타인을 병들게 하는 것을 본다. 이에 시인은 원래 마음이란 보리잎처럼 바람에 떨 수밖에 없는 연약한 존재이지만 오히려 그 떨림을 사랑의 설렘으로 받아들임으로서 꽃이 되고 향기가 되어 세상을 사랑이라는 꽃밭으로 만들 수 있다는 것을 노래하고 있다. 시인은 자신과 독자에게 육신의 세포만큼이나 마음의 세포를 읽기 원한다. 보이지 않지만 명백히 존재하는 심령의 작은 세포를 이 시를 통해 다시금 들여다보게 하는 것이다.

시인은 완전한 인생은 없다고 본다. 인간은 누구라도 자신의 제한성과 연약함으로 구멍이 생기고 그 구멍을 통해 새로운 세계를 발견하기도 한다. 이러한 시인의 인식은 시 「구멍」에서 잘 표현되어 있다. 이 시 역시 자연의 섭리에서 그 비밀을 발견하는데 함께 감상해보자.

> 나비는 금방 꽃을 찾고
> 한참을 날아도
> 그 날개 부러지지 않는데
> 떡갈나무 숲
> 울울창창 푸르지만
> 벌레 먹은 잎이 태반이구나
> 구멍 뚫리고 썩다지면
> 머리에 목숨을 이고
> 사는 것을 알 때가 있다
>
> __ 시 「구멍」 전부

이 시를 좀 더 깊이 들어가 보면 '구멍'의 상징을 통해 시인의 내면의식을 짐작하게 해준다. 예로부터 '구멍'은 '세계의 문'을 상징하는데 창조의 블랙홀 즉 빅뱅이 일어나는 창구이기도하고, 생명이 잉태하고 출산하는 출구이기도 하다. 또한 구멍은 불완전과 희

생의 상징을 담고 있다. 시인은 이 두 가지 상징성을 시 속에 잘 투영해 보이고 있다.

연약해 보이는 나비의 날개는 부러지지 않는데 인간의 마음은 완악하여 부러지고 깨지는 것을 은유하고 있는 것이다. 떡갈나무 숲 떨어진 낙엽에 뚫린 구멍에서 내어줌으로 함께 사는 상생의 섭리를 독자에게 들려주고 있는 것이다. 모든 생명에는 구멍 뚫리고 썩다지면 시인의 노래처럼 '머리에 목숨을 이고 / 사는 것을 알 때가 있다' 마치 구멍 난 낙엽을 통해 내어줌으로 내 가슴에 구멍을 내는 사랑의 법칙을 보여주는 것이다.

시인은 호숫가에 핀 달개비꽃을 통해서도 생존의 파동을 읽는다.

호수는
고요한 법이 없다
소금쟁이라도
잔물결을 일으킨다
달개비꽃도
고요한 듯 떨리는 입술
숲에도 푸른 잔물결이 일어나고
삼나무 곧게 큰
호숫가에서
물고기 몸부림이 일으키는
생존의 파동으로
함께 피는 달개비꽃

__ 시「호수 곁 달개비꽃」

먼발치에서 보면 호수는 고요하고 평화롭다. 그러나 가까이 가서 들여다보면 그 수면에 일렁이는 물결이 호숫가에 핀 달개비꽃에게는 파도처럼 느껴질 수 있다는 것이다. 어느 시인이 노래하지 않았던가. '자세히 보아야 보인다.(나태주 시 '풀꽃')는 싯구처럼 호수를 깊이 들여다 본 시인은 작고 가벼운 소금쟁이도 파동을 일으키며 물고기들의 몸부림이 있어 함께 피는 달개비꽃을 본다. 파도와 파동을 두려움이 아니라 살아야할 힘을 키우는 동기(動機)로 보는 것이다. 여기서 생명의 섭리를 들여다보는 시인의 내밀한 시선이 잘 나타나고 있는 것이다.

이어서 모든 색의 창조가 가능하다는 삼원색 이론의 한계를 발견한 시인의 탄식을 들어 보자.

햇살과 나뭇잎과 하늘이
내 마음에 증착하면
화면 속에서 모든 색들도
악보 위에서 춤추는 노래처럼
천연색으로 춤을 추겠지

마음에 적, 녹, 청 RGB를 증착하면
가랑잎처럼 흔들리지 않는
천연의 색들로
숲을 이루는 노래로
세상 악보 위에서
나도 춤을 추었지

삼원색으로
모든 색을 만들 수 있다는 착각
아무리 증착해도
하얀색은 만들 수 없다는
빛의 진리

__ 시「RGB 증착蒸着」

인간은 자연의 형상을 인화(印畵)라는 기술에서 삼원색 원리를 통해 제 눈에 좋도록 구현해 낸다. 그러나 시인의 노래처럼 '삼원색으로 / 모든 색을 만들 수 있다는 착각'은 아무리 증착해도 순백의 하얀색은 창조할 수 없음을 이것은 전적으로 신의 영역임을 재발견해 주는 것이다. 시인은 '마음에 적, 녹, 청 RGB를 증착하면 / 가랑잎처럼 흔들리지 않는 / 천연의 색들로 / 숲을 이루는 노래로 /세상 악보 위에서 / 나도 춤을 추었'다고 고백하며 인간의 희노애락이 마치 삼원색처럼 인생을 채색하지만 그 원바탕은 하얀 도화지와 같아야 하고, 오히려 채색하기보다 오염된 색을 덜어내고 회피하는 순수성을 회복해야한다는 종교적 깊은 울림을 전해주는 시편이다.

시인은 기독교세계관을 가지고 생활과 문학을 이어가고 있다. 이번 시집 작품 전반에 흐르는 종교적 상상력에서 특별히 두드려지게 나타난 그의 신앙적 고해가 담겨진 사랑의 시편을 감상해보자.

순이 났는가
순이 났던 것이
벌레집으로 시들고

꽃이 피었던가
동산에는 바람에
세월이 묻힌다

너울 속 뺨
석류 한 쪽 닮았다던
내 님아

버선 발로 뛰는 마음이라도
눈물은 먼 발치
지금도 새싹은 돋았는지
먼 산 넘어 보네

__시 「신랑 생각」 전부

기독교에서 신앙의 열매는 '중생(重生)' 즉 거듭남으로 새생명으로 재탄생하는 것으로 본다. 아울러 변화된 신자는 자신의 삶을 통해 새로운 생명의 씨앗(이것을 구원의 역할이라고도 한다)을 뿌리는 일이다. 시 속의 화자는 자신에게 묻는다. '(새)순이 났는가'라고 이것은 다름 아닌 새로운 생명으로 출발하였는가의 반성임과 동시에 구원의 씨앗을 내리고 있는가 하는 신앙의 결단을 촉구하는 것이다. 시속의 고백처럼 '버선발로 뛰는 마음이라도 / 눈물은 먼 발치 / 지금도 새싹은 돋았는지 / 먼 산 넘어 보'는 돌이킴의 시간을 통해 시인은 신앙인의 현재를 성찰하게해주고 있다. 시인의 역할은 단순히 자연을 찬양하거나 사랑을 노래하는 것으로 끝나지 않는다. 인간의 근원적 문제에 대하여 묻고 자신의 영감으로 얻은 예지의 언어를 전달하는 사제의 역할이 있음을 보여주고 있다.

이어서 마치 성서 속 솔로몬이 지은 사랑의 노래인 '아가(雅歌)'를 읽는 듯한 시편들도 있다. 성경 속 아가서에 나타난 사랑의 시는 에로스적 사랑임과 동시에 아가페적 사랑이 담긴 통전적 사랑의 시라고 할 수 있다. 마찬가지로 정상조 시인이 노래하는 오늘의 통전적인 사랑시 한 편을 감상해보자.

바람과 손잡고 가다
혼자 떨어지고

눈물을 머금고 가다
혼자 떨어지고

사랑을 노래하다
혼자 떨어지고

혼자 떨어져 있으면
잠드는 것도 외롭구나

눈을 떠 생명을 틔우고 서서
찬란한 빛깔을 바람에 실어 나르는

너는 오늘도
개화開花의 꿈으로 살아 있구나

__ 시 「꽃씨의 전설」 전부

꽃씨는 자신이 피고 열매 맺었던 자리에 다시 떨어지기보다 새로운 땅에서 개화하는 것이 일반적이다. 시 「꽃씨의 전설」은 꽃씨의 속성을 인용하여 디아스포라일 수밖에 없는 인생의 유전(流轉)을 노래함과 동시에 인생의 꽃씨가 어떻게 뿌려지고 꽃을 피워야 하는지 잔잔하게 들여주고 있다. 마치 민들레 홀씨처럼 나그네 인생들의 외로움을 동정하면서도 하늘의 섭리인 바람에 실려 정해진 곳에 뿌리를 내리고 싹을 틔워 개화를 꿈꾸는 우리들의 인생 노정에 희망을 담아 노래하고 있는 것이다.

이번 시집은 정상조 시인의 발 길이 닿는 곳은 하늘의 이치가 오롯이 남아 있는 자연이었고, 시인의 눈은 그 자연 속에 깃든 섭리를 통해 인간의 모순과 갈등을 치유하려는 시적 노력이 담겨져 있다. 그야말로 자연을 통해 만나는 '아득한 손'을 느끼게 해주는 시편들이다. 시인은 문학을 도구로 자신의 나르시스에 빠지는 감정 배출사도 전락해서도 안되며 상투성으로 교조적인 언어로 자기 위상을 높이는 착각에 빠져서도 안될 것이다. 자연 앞에 겸손하고 삶 앞에 치열한 모습을 노래함으로 독자들에게 일상 밖에서 자신을 들여다보는 관조(觀照)와 위로의 역할을 시를 통해 보여주어야 한다.

정상조 시인의 두 번째 시집 발간을 축하하며 더욱 정진하여 독자들의 사랑을 받는 시인이 되길 기원하며 정상조 시인의 내면이 잘 보인 듯 하여 공감하고 묵상한 대표적안 시 한편을 다시 읽으며 해설에 가름하고자 한다.

동백꽃 마음 기둥

예쁜데 마음이 더 예쁘면 어떨까요?

내가 사랑하는 것보다 더 많이 사랑한다고

많은 산을 콕콕 찔리는 기쁨으로 넘어

아카시아 숲을 지나 내 가슴에 와있는 그대

더 깊이 뿌리를 박고

흙의 혈관을 지나서

꽃으로 기지개를 켜는 날

사랑은 마음을 녹여서

진하디 진한 붉은 동백꽃 기둥으로

꼿꼿이 서있네